AF358127

A LA MÉMOIRE

DE

Francois-Honoré JOLY-MAGNIER

DÉCÉDÉ A LEURY

Le 10 Août 1885, dans sa 75me année

MUNI DES SACREMEMTS DE L'ÉGLISE

PARIS

IMPRIMERIE DE L'ŒUVRE DE SAINT-PAUL

51, RUE DE LILLE, 51

—

1886

ALLOCUTION

PRONONCÉE

Par Monsieur l'abbé C. PETIT [1]

CHANOINE HONORAIRE, CURÉ-DOYEN DE SAINS

AUX OBSÈQUES

DE

Monsieur François-Honoré JOLY

DÉCÉDÉ A LEURY

Le 10 Août 1885, dans sa 75me année

> *Erat vir ille simplex et rectus ac timens Deum et recedens a malo.*
>
> C'était un homme simple et droit; il craignait Dieu et s'éloignait du mal. (Job. i, 1.)

Si je n'écoutais que la voix de ma douleur, mes Frères, je ne vous tiendrais d'autre langage que celui de mes larmes. Elles vous diraient plus que mes paroles, combien je m'associe à vos trop légitimes regrets.

N'ai-je pas lieu de craindre, mes Frères, d'affaiblir l'éloge de celui dont je veux vous rappeler les vertus? Car quelle louange comparable à celle qui ressort des larmes de toute une

[1] M. l'abbé Petit fut pendant près de vingt ans curé de Juvigny et de Leury.

famille en pleurs, d'une population entière, de nombreux amis éplorés, réunis autour du cercueil de cet homme de bien ! Combien ces regrets sont sincères ! ils sont si fondés.

Toutefois, puisque notre bien-aimé pasteur s'efface, fait taire son propre cœur et permet à l'ami des anciens jours d'être l'interprète des sentiments communs, je ne déclinerai pas l'honneur et la consolation de donner un suprême témoignage de tendresse à celui qui pour moi, fut un frère, un ami, et aussi un fils spirituel dans le Seigneur. Je parlerai, pour la consolation de cette tendre et vertueuse épouse dont le nom seul est une louange, et rappelle tant de vertus ; pour apporter quelque allègement à la profonde douleur de ses enfants, modèles de piété filiale, qu'il a si tendrement aimés ; de son honorable famille à laquelle il avait voué un dévoûment sans bornes ; pour votre propre consolation, bons habitants de cette paroisse, dont il fut le père et l'ami. Puissé-je offrir quelque douceur à toutes ces amertumes !

Ceux d'entre nous qui l'ont mieux connu, ceux-là surtout qui furent à son service, savent que le fond de son caractère était la bonté. Avec quelle facilité il se laissait aborder ! comme il était tout à tous, toujours prêt à obliger ! De lui, comme du Sauveur, ne pouvait-on pas dire : le bon Maître ! La rudesse apparente qu'il montrait parfois, cachait le cœur le plus dévoué, le plus tendre, le plus aimant.

Je ne vous vanterai pas ses libéralités : il s'en remettait pour cela à celle qu'on pouvait justement appeler *la mère des pauvres*. Il n'ignorait pas ses incessantes aumônes ; il savait que chez lui, jamais un pauvre n'implorait en vain la compassion ; il les savait nourris, couchés, quel qu'en fût le nombre, et jamais il ne mit obstacle aux largesses prodiguées aux malheureux. Lui-même il leur cherchait l'abri qui leur était toujours offert, et dans les longues soirées d'hiver, il leur facilitait l'accès du foyer. Que de fois j'ai contemplé d'un cœur ému ce spectacle vraiment digne de l'admiration du ciel et de la terre, des anges et des hommes ! Le Dieu libéral et miséricordieux qui a promis de ne pas laisser sans récompense le verre d'eau froide donné au pauvre en son nom, pourra-t-il méconnaître cette tendre et paternelle sollicitude pour les malheureux ?

Si vous cherchez le principe de cet amour des pauvres, de cette sollicitude pour les déshérités de ce monde, vous le trouverez dans la vivacité de sa foi. Oui, mes Frères, ce fut un homme de foi, et de foi pratique : en pouvez-vous douter vous qui l'avez vu, avec tant d'édification, remplir assidûment et sans respect humain, ses grands devoirs religieux : la messe du dimanche à laquelle il ne manquait jamais ; le devoir pascal qu'il accomplissait avec une véritable ferveur ? Que de fois il m'exprima avec franchise et simplicité sa joie intime au sortir de la table sainte ! Cette joie, cette paix de la conscience, cette satisfaction du devoir accompli, il s'efforçait de les faire goûter à ceux qu'il aimait et qu'il voulait voir entrer dans la voie qui mène à Dieu.

Bons habitants de Leury, vous avez gardé le souvenir de ces réunions du soir si édifiantes, si nombreuses, du carême et du mois de Marie ? Vous savez son assiduité à s'y rendre et à vous y donner l'exemple de la prière commune. Il autorisait, il invitait ses nombreux domestiques à abréger le travail du jour, il avançait l'heure du repas, et chacun à l'exemple du maître se rendait à l'office du soir. Ainsi en était-il des dimanches il levait tous les obstacles qui pouvaient servir d'excuses à l'infraction du jour du Seigneur. Dans cette famille patriarcale, les serviteurs étaient des enfants, mais des enfants soumis et dévoués. On

n'eût point voulu ne pas marcher sur les traces
du maître (c'était l'expression reçue) ; aussi, à la
suite de cet excellent maître, chacun remplissait
ses devoirs. Que ces souvenirs me sont toujours
chers, mes Frères, et quelle douceur j'éprouve à
me les rappeler !

Je l'ai dit, ses domestiques étaient sa seconde
famille ; nul ne l'ignorait autour de lui, c'était à
qui lui demanderait un service ; il le refusait rare-
ment. Si quelquefois cependant il croyait ne le
pas pouvoir rendre, il avait soin de faire quelques
concessions pour déguiser son refus ; et quand on
insistait sans pouvoir le vaincre, il restait une dernière ressource qui triomphait toujours de sa
résistance : « Parlez à la dame », disait-il : lui-
même ainsi il désignait l'avocat des causes
perdues ; il savait qu'il se laisserait vaincre, il
voulait être vaincu ; l'excellente épouse insistait
.en effet, et ses résistances se terminaient par ces
paroles de paix et de conciliation : « Fais ce que
tu veux. » La cause était gagnée !

Sans doute, mes Frères, cette âme d'élite avait
ses défauts, et qui en est exempt ici-bas ? Mais
que de qualités brillent et dissipent ces légers
nuages ! Quelle tendresse pour ses enfants ! Ils
étaient l'objet de ses préoccupations journalières ;

il ne vivait que pour eux ; leurs joies étaient ses joies, leurs épreuves étaient ses épreuves. Quelle affection surtout pour ses petits-enfants, à qui il aimait à donner ces abréviations familières de noms que le cœur réclame dans ses effusives tendresses.

Quel dévoûment à sa famille ! quelle affection vive et forte pour cet excellènt frère qui l'a précédé dans la tombe, emportant également tant et de si légitimes regrets ! Comme il aimait les siens, et comme cet amour était exempt d'égoïsme et de retour sur lui-mème ; il se réjouissait de leur prospérité, il s'affligeait de leurs revers.

L'avouerai-je, mes Frères, une des grandes jouissances de ma vie, à moi qu'il considérait comme un membre de cette belle et honorable famille, fut de prendre part à ces nombreuses, cordiales et incomparables réunions de famille, fréquentes alors. Quelle cordialité ! quelle union fraternelle ! Comme son cœur si tendre débordait et s'épanchait sans effort ! C'était le patriarche Jacob, c'était Job au milieu de leurs enfants réunis ; c'était l'hospitalité des anciens jours que l'on voyait renaître dans toute sa splendeur ! O jours trop vite écoulés, vous laissez encore un parfum de souvenir qui semble se raviver au contact de nos impuissants regrets.

De ses deux fils, il donna l'un à la culture de la terre, et il ne cessa de l'aider des conseils de son expérience et de son travail persévérant ; il lui laissait mieux qu'une culture intelligemment conduite, il lui laissait une réputation intègre, de nobles et saints exemples à suivre.

Vous lui avez ménagé, Seigneur, la grâce dont il vous remerciait sans cesse, et qu'il m'a souvent signalée, de voir son fils marcher sur ses traces et se préparer lui-même à laisser à ses enfants, ces précieuses traditions qui sont les premiers biens et les plus beaux titres de noblesse ; il s'est vu revivre en lui, il est mort sans regrets.

Il est des parents qui s'imaginent que c'est perdre leurs enfants que de les donner à Dieu dans le sacerdoce. Pour lui, il savait que ce sont ces enfants-là qui aiment le plus leurs parents sur la terre, parce que rien, dans l'ordre des affections humaines, ne vient en eux disputer ni partager cet amour. Aussi avait-il donné généreusement à l'Eglise le second de ses fils, son cher Benjamin. Quelle douce récompense le Seigneur lui ménageait, mes Frères, non seulement durant la vie, mais encore et surtout à l'heure suprême ! Ce fut ce prêtre du Très-Haut, cet enfant bien-aimé qui, de ses mains filiales, déposait sur ses lèvres mourantes le pain eucharistique ; c'est sa voix sacerdotale qui portait à ses oreilles comme une douce et céleste harmonie les pieuses exhortations qu'il recevait avidement, et qui le préparaient à s'endormir dans le Seigneur. Aussi le cœur du tendre père en était-il ému jusqu'aux larmes, et tandis que sa famille agenouillée demeurait ravie de ses saintes dispositions et pleurait, lui la bénissait de sa main défaillante; puis il offrait à Dieu le sacrifice de sa vie, il le priait pour ses enfants, il le remerciait de la consolation suprême qui lui était donnée.

Son dernier vœu fut de mourir dans la maison et sous le regard de ses enfants, au sein de cette population avec laquelle il a passé sa vie, près de ces bons ouvriers dont il voulut être entouré une dernière fois sur son lit de souffrances ; ses yeux en larmes les contemplaient tour à tour, et il adressait à chacun ses paternels adieux : « Je vous quitte, leur disait-il, le bon Dieu le veut; nous nous reverrons au ciel. »

Il a voulu que cette église, qui fut toujours son église, reçût sa dépouille mortelle avant d'aller reposer près des siens, dans l'attente du grand jour de la résurrection. Le vœu d'un père mourant est sacré ; vous en voyez la réalisation.

Ici se borne, mes Frères, ce pâle et incomplet éloge de l'homme de bien, du noble cœur dont nous garderons tous un religieux souvenir. A vous qui pleurez un époux, un père, un parent, un ami, un maître si digne de vos regrets, je dis en terminant : *Nolite flere sicut et cœteri qui spem non habent ;* pleurez sans doute, mais que ce ne soit pas comme ceux qui n'ont plus d'espérance. Celui qui est disparu de vos regards n'est pas mort, il s'est endormi dans le Seigneur. Aux yeux des insensés il a semblé mourir ; mais non, il est à jamais établi dans la paix de son Dieu, il est entré dans l'éternel repos. *Visi sunt oculis insipientium mori, illi autem sunt in pace.*

Pour vous, ami cher et vénéré, recevez ce dernier hommage d'un cœur qui vous fut bien dévoué ; recevez ce tribut suprême qu'il a voulu payer à votre douce mémoire. Que le Dieu témoin de votre foi, daigne la couronner dans sa gloire immortelle ; c'est là que nous nous retrouverons dans la véritable patrie où l'on ne se sépare plus, dans le sein de Celui que nous aurons ardemment aimé, fidèlement servi.

DISCOURS

De M. CARPENTIER, Maire de Juvigny, et de M. JÉROME, Instituteur à Leury, prononcés sur la tombe de M. François-Honoré JOLY, le 13 août 1885.

DISCOURS DE M. CARPENTIER

Messieurs,

C'est avec une profonde tristesse que je viens apporter le tribut de notre douleur commune à l'homme de bien qui nous est enlevé.

Nous plaignons tous du fond du cœur une famille désolée dont le chef était pour toute la contrée un modèle de bonté, de loyauté et d'humanité. Sa vie entière fut consacrée au travail, à ce pénible travail des champs qu'il pratiquait dans toute sa rudesse, ne s'accordant ni repos ni loisir, ne s'épargnant ni les fatigues ni la chaleur, réalisant ce type si rare de l'homme qui travaille sans relâche, quand ce travail est tout simplement un besoin de la nature.

Dans un autre ordre d'idées, M. Joly était un chrétien fervent, joignant l'exemple aux principes, appliquant envers tous ceux qui l'entouraient les préceptes qu'impose une religion bien comprise. Bon avec ses serviteurs, dont il était l'ami en même temps que le maître, simple sans familiarité, il avait su se faire aimer et surtout estimer de tous; sa mort est presque un *deuil public*, et longtemps encore ce modeste village se rappellera ses bons exemples.

Puisse une vie si bien remplie adoucir les regrets d'une famille désolée dont la suprême consolation est de le retrouver un jour dans un monde où la vertu trouve sa récompense!

*M. Jérôme, instituteur de la commune, prononce
ensuite au nom du conseil municipal, au nom des
habitants de la commune et en son nom, quelques
paroles émues dont nous extrayons les passages
suivants :*

MESSIEURS,

C'est dans cette commune que s'est écoulée
presque tout entière l'existence trop tôt brisée et
si bien remplie de M. Joly, cet homme de bien
que nous pleurons tous aujourd'hui.

La mort de son père l'avait laissé à l'âge de dix-
huit ans chef de l'exploitation agricole qu'il a diri-
gée pendant un demi-siècle et qu'il a laissée à son
fils. Il y devint l'un des modèles et des plus ar-
dents champions de l'agriculture soissonnaise.

A l'âge de vingt-trois ans, M. Joly s'allia à l'une
des plus honorables familles du Laonnois. Il eut le
bonheur de rencontrer dans la vaillante compagne
de sa vie une épouse d'un rare mérite. Inspirée
comme M. Joly par les sentiments d'une inépui-
sable charité, sa main s'ouvrait sans cesse pour
répandre de nouveaux bienfaits. Combien n'a-
t-elle pas fait pour la décoration de l'humble sanc-
tuaire que nous venons de quitter! Combien de

pauvres n'a-t-elle pas secourus! Que d'infortunes n'a-t-elle pas soulagées! Elle aimait à visiter les malades, et plusieurs ont dû un prompt retour à la santé aux soins qu'elle leur prodiguait, aux consolations qu'elle leur apportait, à cette charité discrète qu'elle savait faire à tout propos. Touchante et admirable conduite, qui s'inspire seule aux sources les plus pures de la foi et de la charité! Depuis plus de cinquante ans, Mme Joly est restée l'ange tutélaire de la commune. Qu'elle reçoive ici l'expression de toute notre reconnaissance et de notre plus vive sympathie.

M. Joly était d'une extrême bonté, bienveillant pour tout le monde, d'une générosité à toute épreuve, et sut se concilier l'estime, l'affection de tous ses concitoyens. Aussi la reconnaissance des habitants l'éleva-t-elle à la dignité de maire, dont il exerça les fonctions pendant plus de trente-deux années avec un zèle et un dévouement sans bornes.

Les événements de 1870 le trouvèrent encore investi de ces fonctions. Malgré son âge avancé, il resta fidèlement à son poste pendant toute l'invasion prussienne; il soutint au péril de sa vie les intérêts de ses chers concitoyens. Il dut subir les plus mauvais traitements des vainqueurs trop exigeants, fut emmené par eux comme otage, et, dès qu'il put se soustraire à la surveillance dont il était l'objet, revint dans sa commune, qu'il continua d'administrer jusqu'en 1873.

Ce fut à cette époque que M. Joly se retira au Mont-de-Cuffies pour y jouir d'un repos qu'il avait vaillamment gagné. Il n'oublia pas les habitants de son ancien pays dont il était aimé; toute sa sollicitude continua de se porter sur eux. L'administration de la commune fut, à son départ, confiée à son fils aîné, qui continue noblement ses traditions, tandis que lui-même restait conseiller municipal jusqu'à sa mort.

Telle fut la vie publique de cet homme au cœur généreux et dévoué que nous pleurons. Je ne parlerai pas de sa vie privée, qui vous a été retracée il n'y a qu'un instant par une voix plus autorisée que la mienne. La profonde douleur de toute sa famille, le nombreux cortège qui se presse autour de sa dépouille mortelle, indiquent assez quel était l'époux, le père, l'ami que nous pleurons.

Adieu, cher monsieur Joly! Votre mémoire restera fidèlement dans nos cœurs. Puissent nos regrets unanimes apporter une consolation à votre digne épouse, à vos enfants, à toute votre famille, si terriblement éprouvée. Adieu!

PARIS. — IMPRIMERIE G. PICQUOIN,
51, RUE DE LILLE, 51.